자자自恣를 아시나요

자자自恣를 아시나요

고용석 시집

문화발전소

시를 쓰기 위해서는 때가 오기를 기다려야 합니다.
많은 도시를 다니고, 사람들을 보아야 하며,
새들이 어떻게 나는지 느껴야 하며, 작은 꽃들이 아침에
태어날 때의 몸짓도 알아야 하지요.
릴케의 말입니다.

돌이켜 생각해 봅니다. 등단하면서 나는 보이지 않는
것을 보는 눈을 키우고, 작은 미물微物의 움직임에 온몸을
곤두세우는 더듬이를 갖춘 시인이 되고 싶다고 말했습니다.
이제 시집을 내면서 내가 스스로 약속한 것들이
시 속에 얼마나 녹아 있는지 생각해 봅니다.
내 곁을 스쳐 간 물상物象들. 살아있는 것들이나 죽은 것들,
상상 속 미지未知의 것들이 때론 따듯하게,
때론 날카롭게 내 마음을 흔들어 시가 되어 주었습니다.
소중했던 물상物象들에 인사를 보냅니다.
앞으로는 사회 속에서 일어나는 문제들을 시로 담되,

자서 自序

나의 반성을 통해 약자弱者들에게 온기溫氣를 전하는
이야기를 많이 쓰고자 합니다. 그러한 뜻으로 시집의
제목을 「자자自恣를 아시나요」로 하였습니다.
불교에서 쓰는 용어이지만 '자자自恣'에는 나를 반성하고
남들의 쓴 소리를 받아들여 더 나은 나를 만들라는
가르침이 있기 때문입니다.

칠십여 편의 시를 모아 첫 시집을 냅니다. 그동안 묵묵히
나의 시 쓰기를 지켜보고 격려해 준 아내와 나의 아들,
90세 넘으신 나이에도 붓을 놓지 않으시는 아버지,
항상 걱정해 주는 어머니, 그리고 따듯한 장모님께
고마움을 전합니다.

2019년 초겨울에
고용석

목차

자서自序 ──── 4

1

겨울 달빛 ──── 12
소리가 떠나다 ──── 13
나이 듦에 대하여 ──── 14
쐐기 애벌레 ──── 15
가을, 내가 사는 법 ──── 16
바다를 생각하며 ──── 17
앉은뱅이 의자 ──── 18
사랑을 잃고 ──── 19
자자를 아시나요 ──── 20
화장을 지우며 ──── 21
별똥별 ──── 22
산동네 꽃피우기 ──── 24
꿈 찾기 ──── 26
산다는 건 ──── 28
단장 ──── 29

2

아버지의 묵향 ——— 32
몽당연필 ——— 33
시인이 되려면 ——— 34
눈물 ——— 35
골목길 ——— 36
실연 ——— 38
그리움 ——— 39
풍경 ——— 40
치매 ——— 41
짝사랑 ——— 42
선생님은 ——— 43
어머니의 고향 ——— 44
채송화의 눈물 ——— 46
동백꽃은 떨어지고 ——— 47
마음 전하기 ——— 48

3

배롱나무 ——— 50
동강할미꽃 ——— 51
찔레꽃 ——— 52
라울 ——— 53
부레옥잠 ——— 54
수련 ——— 55
춘란 ——— 56
달맞이꽃 ——— 57
너도바람꽃 ——— 58
산꽃 ——— 59
창밖 매화를 보며 ——— 60
은둔 ——— 62
여름 호수 ——— 63
사랑 ——— 64
달빛 쓸기 ——— 65

4

용대리 황태국 ——— 68
가을 산사 ——— 70
여름 운주사 ——— 71
송정 바닷가 ——— 72
소래포구 밴댕이 ——— 73
도심에서 ——— 74
경포대 ——— 75
만지도 ——— 76
의상대 ——— 78
현충원은 눈물이 마르지 않는다 ——— 79
만나야 합니다 ——— 80
강남역 ——— 81
새별오름 들불축제에서 ——— 82
피맛골 대폿집 ——— 84
숲에서 ——— 86

5

거미 ────── 88
그믐달 ────── 89
연어 ────── 90
담배꽁초 ────── 91
큰 위안 ────── 92
보자기 ────── 93
어느 겨울의 기억 ────── 94
윤심덕에게 ────── 96
김광석 ────── 97
사랑 쌓기 ────── 98
갈천분교 이선생 ────── 99
이별 이후 ────── 100
신랑에게 ────── 101
신부에게 ────── 102
더 높게 날기 위하여 ────── 103

평설
사회적 타자와 서정의 시학
– 고용석의 시 세계
한상훈(문학평론가) ────── 105

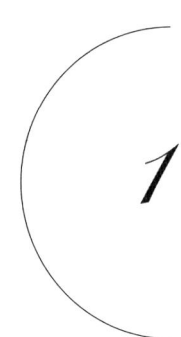

겨울 달빛

자작나무 숲이 추위를 못 이겨
산방 지게문을 흔들며
잉잉 울고 있다
스님은 졸린 눈으로
마당 가득 쌓인 달빛만
손끝으로 매만지고
절간 마당 끝
사내는 웅크리고 앉아
몸을 꺾고 각혈咯血을 한다

그저 바라만 볼 뿐
끝내 안아줄 수 없는
달빛 무심한 이 밤
그림자마저 거두어진
사내의 목 메인 소리가
숲을 쩡쩡 울린다

추운 겨울 달빛
우리네 삶도
저와 같은 것일까

소리가 떠나다

살 길 찾아 하나, 둘 떠난
어둔 방안 구석엔
거미도 혼자 외롭다

공장 기계 소린 모두 어디로 숨었을까
휑한 거리를 건너
어느 실직자의 옷자락에 숨어
갈지자걸음으로 사라진 걸까
강 언덕 불빛 따라 새떼 날아오르고
하늘 너머, 노을 붉은데
기름때 묻은 동료들의 노랫소리
다시 들려오지 않는다
집 떠난 야옹이
야반도주한 친구
어디에서 무얼 하는지
떠난 사람은 다시 돌아오질 않는다
사라지는 것은 소리 없이 왔다가
소리 없이 스러져 간다
그리움이 떠나니 내 안의 소리가 떠난다
무너져 내린다

나이 듦에 대하여

나이가 들었네요 라는 말에는
국화꽃 향기가 숨어있지요
겨울의 인내와 봄의 환희, 여름의 열정이 빚은
잔잔하면서도 진득한 향기 말이에요
내가 누구인지 생각해 본 적 있나요
낯설게 세상 소풍 나온 나그네 아닐까요
환한 빛이 다가오는 아침마다
어둠 내리고, 별 뜨는 저녁마다
나는 낡은 것이 아니라 새로워지는 거예요
이제 우리, 조금씩 익어가는 시간을 움켜잡고
강물을 거슬러 오르는 싱싱한 연어처럼
당당하게 내 마지막 무대를 만들어 보자구요
피는 꽃보다 지는 꽃이 아름답지 않나요?

쐐기 애벌레

당신에겐 흉한 털로만 보이지요
내 몸의 얼룩무늬는 또 어떻구요
고치 속에서 비바람 만나며
아름다움을 꿈꾼 이야기들을
당신이 상상이나 할 수 있을까요
은밀한 성인식을 치를 때
몸을 도려내는 아픔을
숨죽여 지켜 준 숲속 나무의
손길을 당신은 아나요
이 세상 혼자되는 건 없어요
변하지 않는 건 없어요
하늘을 날고, 꽃을 만나기 위해
몇 번의 허물을 벗고 또 벗어 버리듯
당신도 낡은 생각을 버리고
어린 것들을 가만 지켜봐 주세요
따듯한 눈길로 가만히

가을, 내가 사는 법

우리네 사는 곳
산 아래 아니면 물가
사람들은
무게 짊어진 산이 좋아 눌러 살고
흐르는 물이 좋아 머물러 산다지
흔들어도 꿈적 않는
미련스런 산보다
소리 내어 흐르는 물가가
내 마음만 같아
세상사 작은 하나하나
이름 모를 들꽃부터
벌레들 일까지
내 일이라 여기며
하늘이 시키는 대로
바람이 가리키는 대로
그저 물처럼 흐르는 대로
그것들이 하는 말
땅바닥에 새겨 적으며
쉼 없이 살아가야지
떨어지는 잎사귀에 인사하고
귀뚜리 울음에 곁을 내주면서

바다를 생각하며

그대는 쉼이 없다
바라보면 청무우 밭이지만
생각하면 가슴 저미는 그리움이다
끊임없이 다가오는 그대의 사랑을 듣는다
사랑은 큰 아픔으로
켜켜이 한으로 쌓이고
사는 게 늘 힘이 든다
덧없고 외롭다
거미줄처럼 얽힌 인연으로
늘 버겁고 허덕이면서
난 줄곧 외로움의 한구석에
버려져 있었다
그대를 생각하면
받아들일 수 없는 사랑이 두려워
가슴앓이 하듯 숨고만 싶다

앉은뱅이 의자

세상을 눈감아 줄 아량이 없을 때는
앉은뱅이 의자에 앉아
낮은 자세로 숨어 핀 풀꽃을 만나거나
마당에 든 햇살 한 줌 쥐고
지나는 바람이나 만나 볼 일이다
서서는 보이지 않던 생명체들의 모습이
저마다의 이쁜 이름으로
네게 눈을 맞출 것이다
높이가 주는 거만한 횡포
무심하고 불편한 생각들은
낮추고 낮추어야 버릴 수 있는 것
앉은뱅이 의자에 앉아
세상이 더 잘 바라보이는 건
신기한 일이다

사랑을 잃고

새벽 바닷가에 웅크려 앉아
하염없이 밀려오는 파도에 넋을 잃은
상처로 물든 사내를 보다

짧은 그림자마저
그믐달이 거두어 가고
비릿한 물거품이
아내의 머리카락처럼
끝없이 풀어져 내리는 어둔 항구
물속 잠긴 사랑은 바라볼 순 있어도
끝내 건질 수는 없는 노릇인지
사내의 울음이
항구를 떠다닌다

자자自恣를 아시나요

잘못을 잘못이라 말 못하는 웃기는 세상. 세상은 눈치 빠른 이들의 무법천지. 달콤한 말 도둑들에 점령되어 생각은 뭇매를 맞고, 진실은 벙어리 파업 중. 눈도 잃고, 귀도 잃고 편가르는 입만 살아있는 지랄 같은 세상. 어디 된장에 무쳐 낸 머위 나물 뒷맛 같은, 젓갈 잔뜩 넣은 쌉싸레한 고들빼기 같은 푹푹 곰삭은 세상 없나요? 왜 쓴소리를 못 하지요? 유치찬란한 민주공화국 깊이 곪아 진물 흥건한데 나라도 간화선看話禪* 거쳐 하안거夏安居*에 들까 봐요. 자자自恣*를 아시나요?

*간화선 : 화두를 붙잡고 좌선 등에 정진해 깨달음을 얻는 참선법
*하안거 : 중이 여름 장마 때 외출하지 아니하고 한 방에 모여 수도하는 일
자자 : 불교에서 승려들이 허물을 주고 받는 의식

화장을 지우며

화장을 지우는 건
웅크리고 앉았던 꽃뱀 한 마리
떠나보내는 거룩한 작업
여자는 거울 앞에 앉아
세상과 악수 나누며
온몸에 돋는 촉각에 몸을 떨며
허물 벗는 채비를 한다
민낯이 된다는 건
오로지 한 사람을
마음에 품으려는 몸짓이라 했던가
이 밤,
순백純白의 속살을 풀어 헤치고
여자는 속 깊은 사랑 만나러
대숲을 걸어 들어가리
너에게로 향한
그리움 간직하고
버릴 것 다 버리고
비울 것 다 비우면서
사랑 그 아픈 행로行路를 위해

별똥별

밤하늘
가장 높은 곳에서 빛나던
별 하나

앞섶에 매달린
통곡의 노란 리본 서러운
팽목항 어미의
불면의 잠 재우려고

두 다릴 의족義足한 아프간 소년 병사의
푸른 눈에 흐르는
눈물 위로하려고

엄마 시신 가슴에 묻고
고향 다르푸르를 떠나 헤매는
아프리카 수단 소년의
굶주린 아픔 채워 주려고

제 몸

조각내어

별똥별로 내렸다.

모두 잠든

성탄절 밤하늘

긴 성호^{聖號} 그으며

산동네 꽃피우기

시장 귀퉁이 선술집에서 걸친
소주 한 잔에 거나해져
연탄 몇 장 꿰어 들고 비탈길을 오른다
소금기 다 빠져 껍데기만 남은 몸뚱이로
휑한 바람 스산하게 저미고,
추운 저녁 내 이름마저 가물가물한데
이런 날엔
목구멍에 걸린 울음 삼키며
노랫가락이라도 불러야 한다
사는 게 뭔지

산 아래
내 하루 삯을 저당 잡혔던
공사판 아파트는
뼈마디 부딪치는 소릴 내며
밤새 발을 돋우고
내 아픔만큼의 키를 세운다

언제까지 쭉정이로 둥둥 떠

길 밖으로 밀려나 살아야 하나
배꼽에 힘을 꽉 주고
내일은 다시 줄에 오를 것이다
거친 삽에 의지한 줄광대 되어

언젠가 봄이 오겠지
이 겨울 불 지피는 소리
초승달 몸 부풀리는 소리
밀물처럼 쏴아 산동네를 휘감으면
집집마다 꽃들이 필 것이다
조용한 혁명처럼

꿈 찾기

모래바람을 뚫고 길 찾아 일어서는
낙타의 다리를 보았니
굽혀진 다리 곧추 세우고
힘줄을 세우는
물을 찾아 마른 땅을 질주하는
코끼리의 바쁜 발목을 보았니
짓누르는 무게로
땅을 박차고 내달리는
눈 덮인 설원을 오르는
표범의 발톱을 보았니
외로움을 접어 감추고
날카롭게 눈을 헤집는

꿈은
절망을 넘어야 얻어지는
약속 같은 것

잠시 숨 고르고
술래처럼 깊이 숨어서야

상처 난 시간 보듬으며
꽃 피우길 기다려야
그때야 얼굴 내미는 꿈

흔들림의 깊이를 잠재우고
사막의 달을 본다
하늘이 등 뒤에 섰다

산다는 건

바람이 불면, 바람이 부는 대로
물이 흐르면, 물이 흐르는 대로
가는 대로 오는 대로
그렇게 허허로이 살 일이다

세상일에 몸이 아파
몸살져 누워 앓더라도
그건 잠시 스쳐 갈 고통 아니랴

꽃 피면, 꽃 지고
꽃 지면 다시 꽃피는데
피는 기다림은 아련하고
지는 아쉬움은 애잔한 것인가
나이 들어 산다는 건
감정을 조금씩 잊어가는 것

흔들리면, 흔들리는 대로
흐르면, 흐르는 대로
낮은 자세로, 더 낮은 자세로
흔들리지 않는 무게로
그렇게 살 일이다

단장 丹粧

거울 앞에 서면
거울 밖에 한 여자가 다가와
낯선 악수를 건넨다.
여자는
본색本色 감추고
농염한 단장을 한다.
이 밤,
화려한 허물 벗는
화사花蛇를 만나리
누가 여자를
거울 앞에 세웠는지
잠시 흔들리는 욕망
아무도 모를 유혹
쉿, 그 은밀한 비밀

아버지의 묵향墨香

붓을 든 손이
은어처럼 푸드득 살아 오르자
방안을 맴돌던 간들바람도
뜨락의 풀꽃도
잠시 숨을 죽였다
아버지는 오늘도 묵향 속에
묻혀 있다
여든 살 나이테로
붓끝이 거칠어졌다가
다시 부드럽게 가라앉은 한낮
고단했던 아버진
화선지 위에 몸을 누이고
뒤축 다 닳은 구두 끌며
세상 밖 나서는 꿈을 꿀 것이다
묵향에 젖어 붓을 들어 본 사람은 안다
산다는 건
먹이 닳듯 천천히 내 몸 잘게 부수어
향기로 스러져 가는 것임을

몽당연필

낡은 필통 속에서
발뒤꿈치 들고,
보채는 둥글뭉실한 너를 본다
상처 난 몸을 보듬으며
넌, 깎이고 또 깎여
작아진 몸으로
잃어버린 꿈을 그리고 있구나
몬닥몬닥 잘려나간 몸뚱어릴 보며
숨죽여 울었던 시간
아팠었노라고,
당신 향한 내 사랑을 글로 다 담기엔
내가 너무 부족해 아팠었노라고
말없이 사위어가는 발자국을
종이에 담는다
시린 바람 속에 한 생애가 저물어 간다

시인詩人이 되려면

시인이 되려면
한 번에 그대 심장을 찌르거나
숨통을 고통 없이 끊는
노련한 칼잡이가 되어야 한다
홀로 밤을 지키며
잠든 사람들의 숨소리에 귀 기울이고
밤마다 예리한 언어의 칼을 갈아야 한다
낙타의 혹을 등에 지고
혀를 말리는 갈증을 적셔야 하고
모래 폭풍을 바라보는
깊은 눈을 가져야 한다
난무亂舞하는 이념의 경계에 서서
서늘한 칼날에 몸을 의지하고
하늘과 사람을 잇는
작두 타는 무당이 되어야 한다

눈물
-세월호 아픔을 생각하며

어젯밤 바람에
꽃망울 밤새 몸살 앓더니
떨어진 꽃잎으로
너, 왔구나
바닷물에 온통 불어 버린
어린 것의 몸뚱어릴 매만지며
어미는 가슴을 친다
봄꽃 흐드러진 이 좋은 날
나 대신 널 보내다니
삼도천三途川은 건넜는지
곱던 네 목소린 어디 가고
이름만 눈물로 남았구나
가자, 가자
이제라도 집으로 가자
마당 가득 너 닮은 봄꽃 흐드러졌는데

골목길

멈추어버린 시간이 녹슨 철문에 숨었다가
긴 이야기를 들려줄 것 같아
골목 옛집에 서면 마음이 설렌다
어린 시절
가로누운 전선 줄, 슬레이트 지붕 밑
밤새 쥐가 들락거리던 방에서
동생과 나는 낄낄거리며 베개 싸움을 했었다

지나간 것은 새로 오는 것보다 그리움이 짙다
겨우내 녹지 않고 남아 있던 골목 눈 더미며
비 오는 날 부치던 어머니의 장떡 냄새
떠나버린 것은 항상 잔잔한 여운으로 남는다

가난하지만 가난하지 않게 살 수 있다면
사람 사는 일이 이보다 좋을 수 있겠는가
따스한 수제비에 짠지 한 가지로 끼니를 때웠어도
더불어 사는 따듯한 온기에 가난을 몰랐던
골목 안 사람들의 삶이 그렇지 않았을까

옛 골목에 서면

희미한 얼굴의 소꿉동무들이 온 벽에 낙서로 다가오고

낡은 빨간 우체통 안에 저마다의 지난 사연이

그리움처럼 쌓일 것만 같다

실연 失戀

잔물결 위로 일렁이는 그대 모습이
는개 되어 눈앞에 내리는 건
지독한 사랑 때문일까

온몸을 지펴오는 열꽃을 다스리며
칼날 위에 선 내 마음의 끝을 부여잡았을 때
코끝을 아리는 그대의 달디 단 몸에선
싱싱하게 물기 오른 여름 꽃들이 피어났다
패랭이꽃, 옥잠화, 도깨비부채, 제비동자꽃, 메꽃…
꽃들이 모두 땅 속 깊이 뿌리를 내리는 건
땅만이 그리움을 품어 주기 때문일 텐데
뿌리 내릴 누구 하나 없는 허전함으로
난, 무엇을 더 찾으려 그대 집 앞에 멈추었는지

어둠 속에서 별이 와르르 쏟아졌다
눈물처럼

그리움

세차게 두드리는 비에
오징어 한 두름 이고
장에 나간 엄마 걱정에
가슴은 콩콩 뛰는데
지난해
공사판에서 떨어져
하늘에 오른
아빠의 환한 얼굴이
염려말라고
무수한 빗물 문자를
창으로 흘러 보낸다

엄마는 지금 어느 길에 멈춰 있는지
아빠는 하늘 어느 길에서 내려 보고 있는지
비는 하염없이 쏟아 내리고

풍경 風景

잎새 진 가을 길을 노부부가 손잡고 갑니다
세월 앉은 머리 위로 붉은 꽃잎이 스르르 내립니다
아낌없이 살았다고, 참 고마웠다고
꼭 붙은 두 몸이 연리지 連理枝 가 됩니다

치매(癡呆)

아내는
먹먹히 들리는 말소리 따라
한 살 어머닐 만나러 갔다

향긋한 어린 날
젖내를 찾아
잃었던 유년의
어머니 노래를 찾아

잊어버린다는 건
슬픈 동화를 읽고 난 뒤의
아린 눈물 같은 것

몸은 좀 어떠냐고
우리 사랑 기억하냐고
되뇌어 묻고 싶은데
흐린 눈망울에
온갖 기억 다 뱉어내시고
어머닌 대답이 없다

짝사랑

다가서지 못한 부끄러움
돌아섰던 발걸음
보내지 못한 말
하늘 별 헤는 게
차라리 편했습니다
당신이 잠시라도 손길 준다면
한 치 앞 보이지 않는
안개 속에 눈물 던져두고
속없는 말들에 귀를 닫고
당신 향한 더듬이 뿔 세울 겁니다
비바람 치는 도시로
날 내몰지만 않는다면

선생님은

어린 가슴에
물주고, 빛을 내려
마음 꽃을 피우는 권능의 마술사

꽃의 화려함보다 뿌리의 수고를
시간의 기다림을
먼저 깨닫게 하는 선지자

따뜻한 가슴과 정제整齊된 언어로
모난 돌을 차돌로 만드는
노련한 석공

비바람 치는 바닷가 언덕에 홀로 서서
세상 잣대 잠재우며
불편한 잠을 씻어주는
묵직한 등대지기

어머니의 고향

북녘 영변
어머니 고향의 진달래꽃은
올해도 붉은 꽃불로 피었겠죠

그 꽃잎으로 만든 지짐은
아직도 연연히 혀끝을 감도는 데
흘러간 세월에
허수한 가슴만 눈물로 아립니다

어머니, 켜켜이 쌓인 분단의 통곡은
애절스런 아픔으로 종이학 접듯
그렇게 접어 올려야 하나요?
구름 넘나드는 어머니 고향은
꿈속에서나 다녀올까 봐요

분단 70년,
휴전선엔 오늘도 적막과 긴장이
뱀처럼 늘어져 하품을 하는 데

고향을 그리는 어머니의 긴 바람은
곱고 또 곱아
눈물로 한숨으로 아려 와야 하는가요

어머니
오늘은 눈감고 새 되어
북녘을 나십시오

채송화의 눈물

햇빛 눈부신
여름 꽃밭에
채송화가
피 토하듯 붉습니다

꽃잎은
북녘에 두고 온
아들 걱정에
눈물로 주름 진
어미 한을 닮아
핏빛으로, 핏빛으로
물들었습니다

언제나
바람 되어
북녘에 들러
빛바랜 사진 속의 어린 아들을
목 놓아 끌어안고
울어 볼는지

동백꽃은 떨어지고

세월은 하염없이 피고 지고
동백꽃 꽃잎은
핏빛 아픔으로
애잔하게, 애잔하게
떨어져만 가는데

서리 내린 머리카락
내 아들은
지금 북녘에서 무얼 하는지
어미는 그리움이
한으로 남아
검붉게 물이 듭니다

싸락눈에 꽃 떨군
동백나무가
오늘따라 끝없는 눈물입니다

마음 전하기

안녕?
······안녕
엄마, 어떻게 지내?
그냥. 그럭저럭
힘들진 않고?
아니, 견딜 만 해
아픈 덴 없구?
괜찮아
난, ······괜찮아
객지에서 니가 걱정이지

나의 반쪽에게
빠른 걸음
잠시 멈추고
노을 진 구름에
소식 보낸다

어둠살 덮는 저녁
술래놀이로 재잘거리다
엄마 닮은 달 따라
돌아오던
내 유년의 골목
그립다

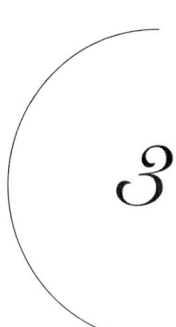

배롱나무

가슴 속 광기狂氣를 잠재우기 위해

시 나부랭이나 쓰겠다고

바람처럼 세상을 헤매다가

몸져누웠을 때

아내가 눈물로 심은 배롱나무를 보았습니다

온몸 가득 볕을 빨아들여

근육질 가지마다

피 토하듯 꽃을 피운 배롱나무는

마당 구석에 정물靜物처럼 우뚝 서서

백일을 피는 시 꽃을 피우려면

헛된 욕망 모두 태워

침잠沈潛하고 또 단련鍛鍊하라고

말없이 꽃으로 보여줍니다

시 쓰는 일이 무어라고

미친 듯 걸어왔던 육십 여 년이

아내의 배롱나무 앞에

스러집니다

동강할미꽃

아득 아득

갈 길 먼 하늘 길

소풍 가려고

할미는 진분홍 저고리

녹색 치마 차려 입고서

임 떠난 서녘을 바라봅니다

동강 물은 돌고 돌아

바다로 흐르지만

임 잃은 이 몸 갈 길

하늘밖에 더 있냐고

잠시 잠깐도 임 그리워

더는 못 살겠다고

뼝대* 바위 틈에

마지막 꽃 피웠습니다

아리랑 아리랑 아라리오

성마령星摩嶺* 고갯마루 넘고 넘어

노랫가락 메아리로 남았습니다

*뼝대 : 바위로 이루어진 높고 큰 낭떠러지
*성마령 : 강원도 정선군 정선읍 용탄리와 평창군 미탄면의 경계에 위치한 고개

찔레꽃

달도 없는 어둔 밤 언덕에 올라
찔레꽃 입에 물면 눈물납니다
장에 나간 엄마는 지금 어디쯤
아픈 몸을 이끌고 오고 계실까

서울 가신 아버진 소식이 없고
울다 지친 동생은 잠이 들었네
하얀 꽃잎 손에 쥐고 눈을 감으니
멀리서 들려오는 엄마 목소리

별이 총총 빛나는 가을 하늘에
동구 밖 나무 밑에 혼자 앉아서
엄마 오는 발걸음 기다립니다
찔레꽃 붉은 열매 가슴에 안고

라울

터질 듯 터질 듯
빛살 먹고 통통 살찌우고
줄기 끝자락
노란 꽃피울 때면
자디잔 빛도 따라와
내 곁에 눕는다

잎 끝 맺힌 붉은 볼
아련한 그 향취
온 밤 뒤척이다 지샌 아침
입속에 넣고 싶다
사탕 같은 네 몸을

부레옥잠

연못은
하늘 담은 쟁반

구름 머물고
파란 하늘 소담한데
부레옥잠
물그림자에 수염뿌릴 박는다

삐걱거리는 세상살이
중심 잡기 어렵지만
무게를 잃지 않으면
작은 꽃 피운다고

아버지 말씀
햇살 되어 퍼진다

수련 睡蓮

소리마저 물가에 잠겨버린 한낮이면
끓는 가슴 불 피우며 너는 오더라
볼 붉은 가시내의 가슴앓이 편지처럼
깊은 떨림으로 그렇게 오더라
스무 살 숨기고픈 몸뚱어리로
물속의 두근거림 감추어 흔들면서
혼자만의 사랑 안고 운명처럼 찾아오더라
갈라진 잎 위로 난 눈물의 길을 따라
꿈속에서라도 나는
당신 찾는 영원한 술래 되고 싶은데
아, 가혹하여라
너의 꽃말은
당신의 사랑은 알 수가 없어요

춘란 春蘭

겨우내
뿌리를 적셔 오는 물기와
아침나절만 숨어 내린 햇빛 조각 모으고
시리도록 아프게 몸 흔드는
바람 땜에 아프다가
너는 줄기를 한 뼘 올려
꽃을 피웠다
넘치는 것,
남김없이 비우고
그 빈자리에 인내 키우며
흔들리지 않을 중심으로 앉아
세상을 사는 일
꽃 피우듯 하라며
봄빛보다
더 화려한 빛으로
작은 우주를 세웠다
여리지만 강한 소망을
향기로 전하며

달맞이꽃

달빛, 그리움 되어
젖어 드는 밤이면
어둠 사르는 뜨거움으로
첫 몸 여는 부끄럼으로
사랑에 눈뜨고 싶다

길섶 개울물 숨죽여 흐르고
쑥국새 소리 온몸 흔드는데
비우면 비울수록 더 간절한
달을 향한 설렘

차마 바라보기 어려워
부르면 사라질 것 같아
향기로 가만 터트려 보는
이 수줍은 사랑
가슴앓이 사랑

너도바람꽃

눈 속 뚫고
대궁 하나에 이파리 날개처럼 매달고
모진 바람에
몸살 앓다가
하얀 설렘 피워 올린
너도바람꽃을 본다

지난 추위에 이불 한 번
덮어주지 못했는데
다가가
눈길 한 번 준 적 없는데
저것들은 어느새
다붓다붓
꽃 피웠구나

말의 칼에 상처받고
불신으로 멍든
우리네 삶은
이 겨울 끝자락
떠돌기만 하는데

산꽃

그대는
함초롬히 젖어 드는
아련함
가슴 저미는
그리움

가녀린 몸짓으로
가만 다가 와
산이 지닌 무게로
향을 내어
나를 버리라 한다
빈손으로 세상 향해
돌아가라 한다

창밖 매화를 보며

아이들 소리 사라진
저녁 교실에 앉아
창밖 매화를 본다

누가 저 줄기에 물을 올려
작은 꽃망울을 피워 올린 걸까
아팠을 텐데
울음소리도 없이 조용히

무거운 몸뚱어리
그늘에 드리우고
겨우내 몸살 앓았을 저것
사는 게 힘들수록
침묵만이 그 해법인 것을
사는 게 버거울수록
나를 태워야 버티는 것임을
꽃잎 수화로 내게 눈짓한다

차디찬 눈보라 속에

힘들여 물 올려
목숨처럼 피어 올린 저 생명
뜨거워야 사는 것임을
절망을 넘어야 사는 것임을

가슴 깊이 나도 물을 올린다

은둔隱遁
―우울증을 앓는 젊은이에게

사랑하는 법을 잊고 살다
서른이 넘도록

거미줄처럼 얽힌 인연
어지러워
한구석에만 처박혀
나를 버리고 울다

창밖 호숫가
벚꽃 눈부시게 흐드러졌는데
꽃잎 날리는 바람도 가벼운데
움츠리고 왜 나서질 못하는지

어둠은 더 깊은 어둠을 낳고
불안은 더 큰 불안을 낳는 법

끊임없는 인사人事를 건넨다
세상은 두렵지 않다고
아픔은 용기로 치유해야 한다고

여름 호수

호수 앞에 섰다
잔물결 위로 일렁이는 그대 모습이
는개 되어
하늘에서 가만 내린다

그동안 난
사랑을 잃고 시체처럼 누워
상처 난 가슴으로
누워만 있었다

그러다가 문득 호수가 그리웠다
세상의 끝을 부여잡고,
오랫동안 갇혔던 마음을 열어
싱싱하게 물기 오른
물옥잠을 보고 싶었다
아, 재잘거리는 아이들의 모습이
간드러진 여인의 교태가 묻어나는 웃음
사람의 냄새가 그리웠다

사랑

이제
떠난 당신께 드릴
나의 마지막 선물은
온전히 그대를 잊는 것
집착에 어두웠던
눈의 비늘을 털고
허허로운 마음으로
나를 끝없이 비우는 것

조용히 가슴을 풀어
나를 안으며
흉터 난 새 살을 어루만진다

호수가 산처럼
내 마음에 서 있다

달빛 쓸기

달빛
마당 가득 쏟아지는 밤
흔들리는 얼굴에
잠 못 이루어
노스님은 동자승 가만 깨워
마당을 쓸고
동자승은 스님 꽁무니 따르다가
스님이 쌓아 놓은 달빛 더미에
오줌 줄기 냅다 깔기곤
서녘 하늘 한참 쳐다봅니다

버려도, 버려도 끝없는 세상사
스님은 동자승 머릴 쓰다듬고
동자승은 스님 해진 고무신 매만지고
서로 애틋하다고
서로 따스하다고

용대리* 황태국

겨울이면 남자는 눈바람에 맞섰다
킬리만자로를 오르는 표범의 발톱처럼
짓무르고 굽고 터진 손가락을 뻗어
진부령 바람을 다스렸다
하루, 하루가 불면의 밤이었지만
싱싱한 별들이 명태 속에 쏟아 내려
살들을 부풀리는 날들에만
남자는 단꿈을 꿀 수 있었다
그런 날 아침이면 여자는 등 굽은 몸으로
무에 대파, 콩나물을 듬뿍 넣고
황태국을 진하게 끓여 냈다
남자의 뼈와 살이 녹아내린 진득한 국에선
짭조름하면서도 달달한 바다의 맛
칼칼한 바람이 빚은 구수한 맛이 섞여 났다
하루하루 고단함의 무게로
독주毒酒가 아니면 잠들 수 없었던 남자
짙은 눈썹과 깊은 눈,
딱딱한 근육으로 성城을 쌓은
말한 적도 없고, 말할 수도 없는

눈보라 세찬 용대리를 오래도록 떠나지 못하는
남자의 깊은 한숨이
황태국에 오롯이 배어 있다

창밖 덕장 숲 너머로
민들레 꽃씨가 흩날렸다

*용대리 : 강원도 인제군 북면에 있는 마을

가을 산사(山寺)

옹달샘 곁
곤줄박이 이사를 떠났다

높아진 하늘
새털구름

멀리 달아날 듯
하늘을 헤엄치고

동자승 고무신에
사뿐 앉은 고추잠자리

물매화 하얀 꽃잎에
산사(山寺)가 환해졌다

여름 운주사

구름이 산다는 운주사雲住寺*에

구름처럼 살고 싶어 들렀더니

와불臥佛은 산 위로 산책 나가고

검둥개 혼자 누워

배롱나무 꽃잎 덮고 깊은 잠 자네

바람도 찾지 않아

소리도 멈춘 산사

운주사 부처님은 묵언 수행 중인데

민초民草 닮은 돌부처들

옹기종기 모여 앉아

새로운 고려高麗 꿈을 꿉니다

조용한 혁명 위해

지금 운주사는 방학放學 중

*운주사 : 전라남도 화순군 도암면 대초리 천불산에 있는 절

송정 바닷가*

바다 끝으로 갈매기가
외로이 날아오른다
모래밭 해송은 깊은 어둠을 감고
고통의 신음을 낸다
가을바람 속으로 잎 지는 소리 요란하고
파도 소리는 낮은 곳으로 흐른다
가을이 다 가기 전에 좀 더 가난해야 할
우리들의 꿈,
우리들의 눈물이
바람 이는 대관령 마루 위에 걸려 넘어진다
모래밭 해송 숲 너머
붉은 울음이 파도로 흐른다
산다는 게 눈물이다

*송정 바닷가 : 강원도 강릉시 송정동에 있는 해변

소래 포구 밴댕이
-화재 이후

갈매기도 목이 메어

기침하는 소래 포구*

가게 밖 좌판 밴댕이가

마지막 숨을 고른다

먼먼 신안에서 잡혀

강화로 끌려온 온 노예의 몸으로

뜸하게 지나는 이들에게 소갈머릴 부리며

요즘은 아무도 오질 않아

민주民主도 자유自由도 입맛을 잃었나

소리치며 날 세우지만

바다는 그저 적막

막막한 소래 포구

*소래 포구 : 인천광역시 남동구 논현동에 있는 서해안 포구

도심都心에서

도심都心의 길은
뒤숭숭한 꿈의 끝자락
엉킨 실타래처럼 어지럽다
그대 몸뚱어린
실핏줄 터진 꽃뱀 되어
어지러운 네온사인 너머로
위태롭게 뻗어만 가고
잠시만 어제로 돌아설 수 있다면
고운 먼지가루 날리는 길옆에서 그대와 같이
앉은뱅이 꽃도 보고
맑은 별도 함께 볼 수 있을 것을
비틀거리는 사람들의 어지러운 발걸음 속에
도심都心이 널브러져 죽어 간다
길이 울고 있다

경포대

호수에 달이 뜨면
가슴에 미련 묻고
멀고 먼 지평 위에
별들도 멈춘 적막
아스라이 피는 그리움
바다 끝에 뻗치다

보고파 병든 가슴
호수 너머 바람되고
해풍 젖은 내 마음에
여무는 그리움들이
바다 향한 설렘되어
파고드는 아픔이여

이끼 낀 돌담 위에
숨 쉬는 아픈 역사
정자는 말없이
바다만 바라보고
산다는 게 고통되어
눈을 감고 섰습니다

만지도 晩地島*

그리워
미치도록 사람이 그리운 날엔
양귀비꽃보다 더 붉은 사랑 찾아
만지도를 가 볼까나

사랑에 목말라
만지도, 만지도
만져 달라고 만지도라지만
내게 있어 섬은 항상 푸른 산죽 山竹
짭조름한 소금기 품에 안고
마디마디 절창 絶唱 토해내는
바다 같은 사내

만지도에 가면
바람의 언덕에 가부좌하고 앉아
우주의 숨소리 쏟아붓는
달빛 교교한 밤을 끌어안고
바다도 삼키고, 울음도 삼키고
홀로 시리도록 한 사람을

사랑하고 싶다

만지도, 만지도

만져 달라는 속된 욕망

몽돌 해변*에 깊이 묻어 두고

세상 향한 귀 닫고

허허롭게 연대도烟臺島* 넘나드는

바람 같은 그런

*만지도 : 경상남도 통영시 산양읍 남쪽 해상에 있는 섬
*몽돌 해변 : 만지도 건너 연대도에 있는 아름다운 해변
*연대도 : 경상남도 통영시 산양읍에 소재한 섬

의상대 義湘臺*

바다 품은 의상대에
우주 만물 불러 놓고

의상 스님 무진연기 無盡緣起
깨닫고 또 새기면서

옷 세 벌 바리 하나
티끌 없는 세상 오길

관세음 관세음
빌고 또 빕니다

정자 끝 바람 한 자락
잠시 숨을 고릅니다

*의상대 : 강원도 양양군 강현면에 있는 정자

현충원은 눈물이 마르지 않는다

현충원은 눈물이 마르지 않는다

주검 사이 풀꽃 더미에 앉아
바늘처럼 찔러 오는
거칠한 사내의 수염을
넋 빠지게 쳐다 보다

쌓아둔 할 말은 잊혀지고
고통에 가슴을 쓸어안다가
낡은 사진 속 아버지를 그리다가
긴 헤어짐에 먹먹해 하다가
버려진 조화造花가 내 신세 닮은 것 같아
컥컥대며 울다

한낮 내내 뙤약볕에 앉아
분단分斷에 앞서 생계生計를 생각하다
툭툭 무궁화꽃 지고
세상은 길을 잃고
사는 건 막막하고

만나야 합니다

여보,
오늘도 당신 향한 아침상 올리지만
당신 없는 내 삶에 무슨 기쁨 있겠어요
70년 제 일상은
가슴 반쪽으로만 느껴지네요
나머지 반쪽은 늘 당신 것이지요
북녘, 그 어디에서
흰머리로 늙어갈 사랑하는 당신
비 먹은 먹장구름 되어
내 가슴에 소나기라도 내려 줄래요
만나지 않고는 눈감지 못하는
여인의 한을 아십니까?
당신은 꼭 다시 만나야 합니다
그어진 저 몹쓸 장벽이
약수弱水가 아닐진대
살아서 우린 꼭 다시 만나야 합니다
만나야 합니다

강남역
―스물 셋 젊은 여성의 죽음

딱정벌레에 숨통이 막혀 길은 몸을 꺾고 주저앉았다. 주저앉은 길 위로 요사스런 네온사인이 어지럽게 맴을 돌고 페미니즘 소리에 고막이 찢겨진다. 흐름이 막히니 세상은 동. 맥. 경. 화. 길은 길을 낳고, 그 길은 문제를 낳고. 문제는 단절을 낳고, 단절은 혐오를 낳고. 혐오는 분열을 낳고. 분수없이 싸질러대는 문명의 교접交接. 은밀한 내통內通. 인간 세상은 요지경 속에 평행을 달린다. 역驛에 붙여진 쪽지들이 바닥에 엎드려 울고 있다. 머리를 풀고 흰옷을 여민다.

새별오름* 들불 축제에서

오랜 세월 섬은
거친 바람에 흔들리고 꺾이면서 살아왔다.
어디에도 어울리지 못하고
날개를 키우는 꿈은 항상 추락하고 말았다.
그때마다 사람들은 제 깃털을 뽑아
섬의 어깨에 날개를 붙였었지
번번이 바람에 흩어지는 날개를 보면서도

초저녁 외롭게 떠 있는 샛별, 새별오름
일렁이는 들불을 만나러 오른다.
벌판 아래 묻혀진 아픔의 역사가
불꽃 속에 새겨졌으면 좋으련만
슬픔은 항상 살아있는 자의 고통
나, 윤슬 반짝이는 저 달빛 억새 숲에 숨어들어
거친 바람 곁, 물기 없이 사위어 간
아비의 혼魂을 보듬고 싶다.

정월 대보름, 들불이 타오른다
날개를 달고 억새 숲을 지나 벌판을 가르고

백록담에서 비양도까지

바람 속에 활활 타오르는 불꽃 더미를 꿈꾸며

*새별오름: 제주시 애월읍 봉성리에 있는 기생화산

피맛골 대폿집

흥청대던 골목길은
개발로 사라지고
피맛골 문패만 쓸쓸한
종로2가 대폿집엔
고갈비 구수한 냄새도
우굴쭈굴 양은 막걸리 잔도
주인 할매 걸죽한 욕설도
슬그머니 떠나 버렸다

거덜*이나 들때밑* 같은 놈들아
큰길 갈 수 없는
아랫것들은 어디로
몸을 피하라고
밖으로 밖으로만 내모는 것이냐

뜨뜻한 국밥 한 그릇에
막걸리 한 사발이면
주름진 삶 잊었던 하루는
이제 지난 구차한 이야기

사라진다는 건

가슴 한쪽 도려내는 눈물인데

피맛골 대폿집에

어둠만 흐른다

*거덜: 가마나 말을 관리하던 사복시司僕寺에서 일하던 하인
*들때밑: 세력 있는 집의 오만하고 고약한 하인

숲에서

마음이 흔들릴 때면 숲에 앉아
작고 큰 나무들과
들꽃을 만나 볼 일이다

손바닥만한 볕에 모여 앉은 어린 풀꽃이며
내리지 않는 비에 목마른 어린 나무
거센 바람에 가지가 찢겨 신음하는 큰 나무는
숲에서 일어나는 일들에
힘든 아픔을 말하지 않는다

눈에 뜨이지 않게 꽃을 피우고
찾는 이 없어도 향기를 만들고
한 줌 빛에 온기를 나누며
그저 저마다의 색깔로 깊어 갈 뿐이다

근데 우리 사람 사는 숲은
소박한 제 빛깔로 살아가고 있는지

마음이 흔들릴 때면 숲에 앉아
작고 큰 나무들과
들꽃을 만나 볼 일이다

거미

수없이 추락했다 다시 오르는
외줄타기 곡예사의
넉넉한 몸짓을 본 적이 있는가
방적돌기에서 찬란한 은빛 그물을 뿜어내 놓곤
허공을 무대 삼아 그네를 즐기다
깊은 낮잠에 빠져버린
세상 날 것들 잡히면 요기療飢하고, 아니면 말고
이슬 한 방울 목 축이고
기우는 햇살 한 모금 배 채우면
그걸로 족한 삶
풀숲 깊이 몸 숨긴 음흉한 자객이면 어떻고
하루살이 기다리는 은둔자면 어떠랴
산다는 건 나뭇가지 흔드는 바람 같은 일
팔자소관 따라 웃고 울며 살아가면 되는 거지
빛도 어둠도 그냥 그물을 지나가라
욕심도 상실도 빠져 가게 하고

면벽面壁한 스님 같은 거미 몸 위로
때 이른 꽃잎 하나 내려앉았다

그믐달

떠난 님 눈썹 닮은
가는 얼굴로
옷깃 파고드는
서릿바람 손을 잡고
그대는
마른 들녘 새벽하늘을
살며시 오셨다 떠나시군요
하얀 코고무신
곱게 신고서

겨울은 아직 오지 않는데
만날 날은 끝없이 길기만 한데

연어

그날 초록 강은
왜 그리 깊었는지 몰라

눈 맑은 연어를 향한
내 몸짓엔
어둔 밤처럼 감기는
진한 그리움이 배어 있었지

당신은 보았죠
가슴에 밝은 불빛을 단
눈빛 속에 꿈을 안은
그대를

그날 우린
당신은 밀물되고
나는 썰물 되어
활화산 같은 사랑 나누었죠
죽어야 다시 사는
아름다운 고통의 사랑을

연어, 그 말엔
강물 냄새가
배어 있어요

담배 꽁초

뜨겁게 나를 태우다
한숨이 되어
시가 되어
삶의 위안이 되어
그렇게 나는 길바닥을 뒹군다

나를 버려야
비로소 나를 얻는
그대 폐 속 깊이 숨어들어
당신으로 살아야
내 온전한 삶을 사는 것임을

지금, 몸과 혼이 분리된 채
어둑한 길바닥에 누워
형체 없는 잿빛 가루로 흩날리며
난, 이제
무엇으로 남아
그대와 함께 하나

큰 위안

오고 갈 사람도 없어
온몸 피를 다 빼놓고 살던
덤덤한 날
세월 넘어 보내온 제자의 편지
딸 아이 학교 입학시키고 보니
문득 선생님 생각이 났다고
항상 여전하시냐고
살면서 이런 일도 있다니
큰 위안이다
잠시 난 인연의 매듭을 잊고 있었구나
창窓을 열어 놓아야겠다

보자기

너는 수줍어 고개 숙인 신부의 고운 눈썹이다
봉숭아를 물들인 어린 계집아이의 가느다란 손가락이다
자주색 끈에 달려 하늘에서 내려온 가야국 왕의 발걸음이다
아침나절 강가에 조용히 떴다 지는 무지개다
포도鋪道에 흩날리는 마른 가을 낙엽이다

어느 겨울의 기억

한 키도 넘게 온 눈으로
산 숲 풍경이 멈추었을 때
먹이 찾아 내려온
어미 노루의 절망을 본 적이 있는가

살을 에는 바람에 얼어붙어
앓는 소리로 쨍쨍 얼음을 가르는
호수의 비명을 들은 적이 있는가

한때 정다웠던 사람들은
모두 돌아서서 내 등에 칼을 겨누고
작은 온기마저 거두어 버린 겨울은
냉혹하고 그저 서러웠다

무엇이 나를 거두어 가게 했을까
매서운 바람 속에 몸을 숨긴 그들의 의도는
발톱을 숨긴 사자의 측은한 눈빛
서툰 곡예사를 향한 야유의 휘파람
나는 분명 깨어 있었고, 그들은 취해 있었는데

취한 자가 깨어 있고
깨어 있는 내가 취해 버린
이해 못할 비상식非常識

사람 사는 일이
내가 기억하는 겨울과 같을까
그대들이여 진실이 깨어나 봄이 돌아온다면
잠에서 일어나 기지개를 켜라

윤심덕에게
—사死의 찬미讚美

요즘도 현해탄을 우진과 함께 거닐고 있나요. 칼날 위에 춤추는 인생살이. 모두들 하루하루 죽을 맛인데 사랑으로 한 몸 되어 다니는 맛 재미지나요? 사랑과 이별은 동전의 앞뒤. 죽음 앞에 서면, 욕망도 잠들고 괴로움도 끝나나요. 고운 목소리도 인습에 묶였던 사슬도 바다에 버리고, 당신은 물결 되어 흘러 다니지만 저마다 섬이 될 수밖에 없는 우리 삶, 누가 헤아려 주나요. 새들은 제 길을 따라 날아가는데 우린 어디서 와서 어디로 가는 건가요. 삶에 교과서가 있나요. 서로 다른 그림 그려나갈 뿐이지요. 채플린에게 묻고 싶네요. 삶은 비극이지만 멀리서 보면 정말 희극?

김광석

아름다운 꽃은 빨리 시든다고 했지
그래, 그대는
봄날 흩날리는 벚꽃이었어
홀로 꽃피었다 떨어져
지친 우리 마음에 일찍 다가와 준
아무도 손잡아 주지 않는 어둠 속에서
그대의 담배 연기는 어디로 흩어져 간 걸까
누구도 기억해 주지 않았어
새벽안개 같은 목소릴 남기고
어둠 속을 울며 떠났을 때에야
우린 눈의 비늘을 털어냈지
세상에 별이 뜨고
저무는 하루를 정리할 때
그대 어둔 노래는
왜 눈물로만 다가오지
하루하루 우리가 이별하며 살아서일까
그대 시든 꽃잎은
비처럼 쏟아지는데

사랑 쌓기

사월은
그네 타는 날렵함으로
조금씩 무게로 날아다니며
그대 무명저고리를
색색으로 물들이고 있다
봄 길 따라
자주색 나들이하는
제비꽃도 되고
아지랑이와 춤추는
노랑나비도 되는데
그대는
그늘에서도 있을 그림자같이
언저리 맴도는 반연攀緣*으로
무엇이 되어 올까

*반연: 타인으로 말미암아 맺은 인연

갈천분교* 이선생

봄비 가녈피 내리던 날, 겨울가랑잎 지듯 학교는 껍데기만 남았습니다. 감은 눈 속으로 덥수룩한 수염으로 활짝 웃던 당신 모습 지나갑니다. 바람처럼 떠돌던 시골 분교 훈장 살이. 가나다라마바사. 철수야 안녕. 엄마하고 나하고 만든 꽃밭에. 아이들 목소리 앞산 넘으면 소리에 놀란 처녀치마, 할미꽃, 설앵초, 은방울꽃들 다투어 화단에 꽃망울을 터트렸지요. 시간은 긴 침묵. 침묵 속에 자양분 올려 저마다의 꽃 피우게 하고. 아름슬픈 웃음 보냅니다. 선생님, 편안한 잠 주무시길

*갈천 분교: 강원도 양양군 갈천면에 있는 분교

이별 이후

이제 세상으로 나아가 무릎잠 잘 거예요. 보이는 것보다 보이지 않는 것을, 가진 것보다 버려지는 것을, 기억하는 것보다 잊혀져 가는 것을 사랑하며, 낮은 곳으로 더 낮은 곳으로 함께. 이승과 저승이 맞닿아 우리 다시 만나면 걸쭉한 막걸리 동이 채 놓아두고, 지난 얘기 안주삼아 찐하게 취해 보자구요. 감꽃 폭풍에 눈물이 주룩비 되어 가슴 메이지만, 산다는 건 어차피 조금은 잊어가는 것. 당신 먼저 흙이 되고 내 나중 흙이 되어 서로 섞여 그림자 되어 살자구요. 아픔들 다 털어버리고 비우며 또 비우며 살아 보자구요

신랑에게

소리마저 물가에 잠겨버린 아침,
수련 꽃잎에 이슬 내리듯
당신이 가만 내게 다가온 날
우리의 사랑은 시작되었습니다
그리고 가슴 가득 뜨거운 불꽃 피우며
그리움으로 가슴앓이하며
아픈 상처를 서로 보듬어 주며
우리의 사랑은 하나가 되었습니다
그대여, 세상을 헤매 돌던 바람을 안는 숲이 되어 주세요
저는 그 숲에 촉촉한 물길을 내는 시내가 될 게요
가끔 살다가 먹구름이 오기도 할 거예요
비가 내리고, 진눈깨비가 날리고
거센 바람이 불기도 하겠죠
그때마다 사랑으로 서로의 우산이 되기로 해요
그대 가슴에 내가 있게 해 준 고마운 당신
우리 서로를 예쁘게 길들이며
세상 모두가 사랑임을 깨달으며
한발 한발 더 나은 삶을 만들어 가요

신부에게

내 마음을 환하게 밝혀 줄 안개꽃 같은 그대
당신을 만남으로 내 눈은 더욱 아름다운 것을 보고
내 귀는 더욱 깊은 소릴 듣습니다
어디를 가더라도 내 손을 잡아 주세요.
어느 곳에 머물더라도 마음을 함께 해 주세요
사랑으로 하나가 되는 오늘
당신은 나를 안전하게 지켜줄 울타립니다
나를 항상 꿈꾸게 해 줄 별입니다
올바른 삶을 가르쳐 줄 하늘입니다
우리가 하나로 맺어지는
가장 아름답고, 순결한 오늘
순금純金의 언어로 조용히 읊조립니다
사랑합니다
목숨보다 더 사랑합니다

더 높게 날기 위하여
―문영학원 90주년을 축하하며

더 높게
더 힘찬 날갯짓을 위해선
비상飛翔을 두려워해서는 안 된다
90년, 우리가 걸어 온 지난 발자취를 보라
일제의 어둠 속에서 별처럼 빛났던
무악재 언덕 위에 매화 향기 홀로 가득했던
청룡산 기슭 위에 찬란한 교육의 꽃 피어 올렸던
민족의 사학, 문영文英이 아니었던가

질곡桎梏의 역사 속에서
눈물과 기도로 이룬 영광은
그 높이가 얼마였으며
섬김과 배려를 근본으로 삼아
참된 여성을 육성하기 위한
인간 존중 교육은
그 가르침의 넓이와 무게가 얼마나 되었든가
최고의 자리에 있기 위해선
흔들림도, 아픔도 스스로 잠재워야 하는 것

어떤 바람에도 견딜 뿌리를 내려야 하는 것

이제 90년,
가장 미쁜 마음을 키우기 위해
가장 바른 행동을 일깨우기 위해
가장 아름다운 소망을 만들기 위해
스승과 제자 하나 되어
기도로써, 다짐으로써
새로운 비상飛翔을 시작하라
더 높은 세상
더 넓은 세상이
이곳에서 펼쳐지도록
쏟아지는 햇살처럼 눈부시게

⟨해설⟩

사회적 타자와 서정의 시학

-고용석의 시 세계

한상훈(문학평론가)

1

  고용석 시인과 나는 중앙대 국문과 입학 동기이다. 그가 얼마 전에 나에게 시집을 내려고 하는데 의논을 할 것이 좀 있다고 연락이 와서 오랜만에 양재역 근처에서 만나 점심을 먹고 찻집에 들러 이야기를 나누며 그가 프린트해 온 시편들을 보게 되었다. 대학에서 같이 공부할 때부터 그는 시에 관심이 많았고 조금씩 시를 쓰고 있는 것 같았다. 중앙대에는 '정오문학회'라는 문학단체가 있었는데, 그 문학회는 전통이 오래된 문학모임으로 허형만, 민윤기, 고춘식, 엄문희, 김주환, 임종철, 허문영 선배들과 손원대 동기들이 이미 오래 전부터 시인으로 등단하여 지금도 활발하게 활동을 하고 있다. 더욱 대단한 것은 지금도 여전히 주기적으로 모임을 갖고 있는 전국적으로 보기 드문 문학회라는 점이다. 그 당시 정오문학회에 들어가기가 상당히 까다로웠는데, 그는 1학년 때부터 최서영, 임정아 등 국문과 동기인 여학생들과 그곳에서 활동하기 시작했고 나와 독고선희가 정오문학에 들어갈 2학년 땐 별로 보이질 않아 사실 그 시절 그의 작품을 볼 기회는 거의 없었다.

  강릉이 고향인 그는 성격이 곱고 온화하여 서정적이고 깔끔한 시를 쓰고 있는 정도로만 알고 있었다. 서로 교직에 몸을 담고 있으면서 졸업 후에도 어쩌다 만나는 경우가 있었지만 근무하는 학교와 사는 곳이 너무 멀어 오랜 기간 연락을 주고받지 못하고 지내게 되었다. 그러다가 금년 10월 초 양재역에서 만나 보게 된 70여 편 정도의 그의 시편들은 무섭게 변모하고 있었다. 소박하고 서정적인 시들을 그동안 써온 줄 알았는데, 사회성이 짙은 수작들이 많았기 때문이었다.

  대학 다닐 때부터 시 쓰기 시작하여 이미 6~7년 전 어느 문예지로 등단하여 활동하고 있었던 경력에 비해 그가 이번에 첫 시집을 내게 된 것은 매우 늦은 출발이지만, 이번 시집 간행과 더불어 그동안 오랫동안 숙성시키고 묵혀놓았던 그의 시편들이 본격적으로 찬란한 빛을 발하는 기점이 될 것 같아 함께 문학 공부를 해온 동기로서 기쁜 마음 감출 수 없다. 그의 시집 간행을 진심으로 축하하며 「겨울 달빛」부터 보기로 하자.

    자작나무 숲이 추위를 못 이겨
    산방 지게문을 흔들며
    잉잉 울고 있다
    스님은 졸린 눈으로
    마당 가득 쌓인 달빛만
    손끝으로 매만지고
    절간 마당 끝
    사내는 웅크리고 앉아
    몸을 꺾고 각혈咯血을 한다

그저 바라만 볼 뿐
끝내 안아줄 수 없는
달빛 무심한 이 밤
그림자마저 거두어진
사내의 목 메인 소리가
숲을 쩡쩡 울린다

추운 겨울 달빛
우리네 삶도
저와 같은 것일까
- 「겨울 달빛」 전문

  이 시는 매우 정교한 시적 전략을 갖추고 있다. 자연적 배경과 캐릭터의 치밀한 조응을 통해 시의 주제를 형상화하고 있기 때문이다. 이와 같은 생의 본질적이고 무거운 주제를 시공간에서 표현하기란 매우 조심스럽고 때론 위험이 따른다. 하지만 고용석 시인은 감정을 최대한 절제하면서 삶의 공허함과 무상감을 서정적으로 그려나가고 있기에 독자들에게 와 닿는 공감의 울림이 크다.
  이 시에서 제목 '겨울 달빛'이 상징하는 것에 유의할 필요가 있다. 가을의 풍요롭고 낭만적인 달빛과 대비되는 겨울의 희미한 달빛은

차갑고 쓸쓸한 생의 단면을 함축하고 있는 것이다. 더구나 밤이라는 시간적 배경과 절이라는 공간적 배경은 이러한 정서를 더욱 극대화하고 있다. 겨울 달빛과 백색의 자작나무 숲이 어둠 속에서 교감하고 있는 가운데, 영화의 한 장면처럼 "사내는 웅크리고 앉아 각혈을" 하고 있는 것이다. 그 사내의 살아온 삶은 생략되어 있으나 "그림자마저 거두어진/ 사내의 목 메인 소리가/ 숲을 쩡쩡 울린다"는 화자의 진술로 보아, 삶의 희망보다는 죽음의 극한에 가까운 인간의 절망적 몸부림으로 비친다. 그런데 이러한 상황에서 왜 "스님은 졸린 눈으로/ 마당 가득 쌓인 달빛만 손끝으로 매만지고" 있는 것일까.

두 인물의 관계나 정황이 생략되어 있으나 오랜 기간 사내는 이 절에 머물렀고 한동안 스님의 도움을 받았을 것이다. 하지만 "그저 바라만 볼 뿐/ 끝내 안아줄 수 없는 달빛"이라는 표현이 말하듯이 인간의 고통을 그 누구도 대신할 수 없는 국면에 도달한 것이다. 시인은 사회에서 격리되어 죽음을 눈앞에 둔 극단적 인물의 초상을 통해 일상적 매너리즘에 빠져 바쁘게 살아가는 우리들에게 생의 본질적 물음을 던지는 것이다. 마지막 연에서 "우리네 삶도/ 저와 같은 것일까"하고 쓸쓸하게 던지는 말 한마디의 이유는 거기에 있다.

겨울이면 남자는 눈바람에 맞섰다
킬리만자로를 오르는 표범의 발톱처럼
짓무르고 굽고 터진 손가락을 뻗어

진부령 바람을 다스렸다
하루, 하루가 불면의 밤이었지만
싱싱한 별들이 명태 속에 쏟아 내려
살들을 부풀리는 날들에만
남자는 단꿈을 꿀 수 있었다
그런 날 아침이면 여자는 등 굽은 몸으로
무에 대파, 콩나물을 듬뿍 넣고
황태국을 진하게 끓여 냈다
남자의 뼈와 살이 녹아내린 진득한 국에선
짭조름하면서도 달달한 바다의 맛
칼칼한 바람이 빚은 구수한 맛이 섞여 났다
하루하루 고단함의 무게로
독주毒酒가 아니면 잠들 수 없었던 남자
짙은 눈썹과 깊은 눈,
딱딱한 근육으로 성城을 쌓은
말한 적도 없고, 말할 수도 없는
눈보라 세찬 용대리를 오래도록 떠나지 못하는
남자의 깊은 한숨이
황태국에 오롯이 배어났다

창밖 덕장 숲 너머로
민들레 꽃씨가 흩날렸다
─「용대리 황태국」 전문

이 시의 지형적 거점인 용대리는 강원도 인제군 북쪽에 있는 산촌으로 거센 바람, 추위 등 여러 가지 지리적 특성으로 볼 때 전국에서 황태가 가장 맛있게 만들어져, 매년 황태 축제를 하는 등 황태 마을로 불리는 곳이다. 시적 화자는 이곳에 갔다가 황태를 만드는 주인에 특별한 시선이 간다. "겨울이면 남자는 눈바람에 맞섰다./ 킬리만자로를 오르는 표범의 발톱처럼/ 짓무르고 굽고 터진 손가락을 뻗어/ 진부령 바람을 다스렸다" 이와 같이 이 시는 자연의 야성을 견디며 황태를 만드는 과정을 형상화 하고 있다.

그런데 이 인물은 왜 '불면의 밤'을 보내며 시달려야 했는가. 그 점이 이 시의 주제 접근의 포인트이다. 물론 황태를 만드는 과정에서 혹시라도 제대로 된 황태의 맛에 이르지 못할까 초조한 마음이 있을 것이다. 하지만 이 인물은 거의 지존의 경지에 이르고 있다는 점에서 적절한 답이 아닐 것이다. 그렇다면 무엇일까. "아침이면 여자는 등 굽은 몸으로" 황태국을 만들어 내고, "남자의 뼈와 살이 녹아내린 진득한 국"이라 했으니 좋은 맛을 내기 위한 고단함에 이곳의 생활이 너무 힘겹고 지쳐버렸음을 뜻한다. "하루하루 고단함의 무게로/ 독주毒酒가 아니면 잠들 수 없었던 남자"라는 진술처럼 잘 만들어진 황태나 황태국의 보람보다도 이제는 떠나고 싶은 마음이 간절한 것이다. 즉 밥을 먹고 살기 위해 어쩔 수 없이 이 작업을 계속 해야 하고, 그곳에 머물러 있어야 하는 피곤함에 견딜 수 없는 나날을 보내는 것이다. 그렇기에 "남자의 깊은 한숨이/ 황태국에 오롯이 배어"난 것이다. 이 시의 마지막 시행에 '민들레 꽃씨가' 흩날리는 서정적 분위기의 표현으로 캐릭터의 슬픔은 더욱 부각되고 있다.

 고용석 시인은 앞에서 언급한 「겨울 달빛」에서도 그러했지만 이처럼 우리 사회에서 소외된 변방의 인물들을 시적 대상으로 포착하여, 그들의 속마음을 예리하게 꿰뚫어 보며 사회학적 시각에서 조명한다. 그리하여 우리 사회 곳곳에 만연해 있는 부조리한 현실을 직시하여 낮은 목소리로 사회적으로 타자화 되어 있는 사람들의 실존적 고독을 날카롭게 지적하고 있는 것이다. 「소리가 떠나다」 역시 그러한 계열의 작품이다.

   살 길 찾아 하나, 둘 떠난
   어둔 방안 구석엔
   거미도 혼자 외롭다

   공장 기계 소린 모두 어디로 숨었을까
   휑한 거리를 건너
   어느 실직자의 옷자락에 숨어
   갈지자걸음으로 사라진 걸까
   강 언덕 불빛 따라 새떼 날아오르고
   하늘 너머, 노을 붉은데
   기름 때 묻은 동료들의 노랫소린
   다시 들려오지 않는다

집 떠난 야옹이
야반도주한 친구
어디에서 무얼 하는지
떠난 사람은 다시 돌아오질 않는다
사라지는 것은 소리 없이 왔다가
소리 없이 스러져간다.
그리움이 떠나니 내 안의 소리가 떠난다
무너져 내린다
─「소리가 떠나다」전문

    고용석 시인의 「소리가 떠나다」는 앞에서 언급한 「겨울 달빛」이나 「용대리 황태국」처럼 시공간에 캐릭터의 모습이 전면화 되어 있지는 않지만, 우리 사회의 어두운 현실을 더욱 예각적으로 조명하고 있는 작품이다. 먹고 사는 생존의 문제는 일제 강점기 시대나 오늘날처럼 정보통신이 중심을 이루고 있는 속도의 시대나 변두리적 인간들에겐 여전히 고통스러운 현실로 대두되고 있다.
    이 시는 최근에 거제도 지역의 조선업이나 구미 공단처럼 그동안 회사가 잘 돌아가다가 갑작스런 불황으로 공장은 텅 비고 근로자들은 일손을 놓고 떠나가 버린 우리의 경제적 어려움의 현주소를 보는 듯하다. 우선 이 시의 제목은 시인이 낯설게 하기의 기법을 사용하여 독자들은 '소리가 떠나다'가 무슨 말일까 하여 어리둥절하게 되는데, 그 '소리'는 "공장 기계 소린 모두 어디로 숨었을까"나 "기름

때 묻은 동료들의 노랫소린/ 다시 들려오지 않는다"라는 화자의 진술로 보아 사람들이 활기 있게 일하고 이야기하는 소리들이 사라져 버린 텅 빈 공간을 은유하고 있는 것이다.

사람들이 떠난 그곳에는 '거미도 혼자' 외로울 수밖에 없으며, '야옹이'마저 사라져버렸다는 표현을 통해 시인은 더욱 황폐해진 거리의 모습을 실감나게 드러내는데, 궁극적으로 시인은 "야반도주한 친구/ 어디에서 무얼 하는지/ 떠난 사람은 다시 돌아오질 않는다"라는 언술을 통해 근로자의 실직으로 말미암아 일어나는 가족의 해체나 거주 공간의 상실 등 외면할 수 없는 심각한 우리의 사회현실을 고발하고 있는 것이다.

이러한 사회성 짙은 주제의식은 시공간에서 시인의 목소리가 고압적으로 흐르기 쉬운데, 고용석 시인은 절제 있는 표현과 "강 언덕 불빛 따라 새떼 날아오르고/ 하늘 너머, 노을 붉은데"와 같은 서정적 배경을 적절하게 구사하여 시가 지닌 미학적 예술성을 잘 살려내고 있다.

이와 같은 작품들 외에도 고용석 시인의 암담한 사회 현실에 대한 비판적 시편들은 여기저기 많이 눈에 띈다. 「피맛골 대폿집」에서 "흥청대던 골목길은/ 개발로 사라지고/ 피맛골 문패만 쓸쓸한/ 종로2가 대폿집엔/ 고갈비 구수한 냄새도/ 우굴쭈굴 양은 막걸리 잔도/ 주인 할매 걸죽한 욕설도/ 슬그머니 떠나 버렸다"고 말하고 있으며, "스물 셋 젊은 여성의 죽음"이라는 부제가 붙은 「강남역」 시에선 "인간 세상은 요지경 속에 평행을 달린다. 역에 붙여진 쪽지들이 바닥에 엎드려 울고 있다. 머리를 풀고 흰옷을 여민다."라는 진술을 통해 강남역 어느 화장실에서 일어났던 젊은 여인의 성폭행 사건의 아픔을 형상화하고 있다. 「자자를 아시나요」에선 병든 현실에 방관만 하고 있는 사람들을 향해 "왜 쓴소리를 못 하지요? 유치찬란한 민주공화국 깊이 곪아 진물 흥건한데 나라도 간화선^{看話禪} 거쳐 하안거^{夏安居}에 들까 봐요"라고 직설적으로 토로하고 있다.

이처럼 고용석 시인은 현대 문명 속에 낙오되거나 고통 받는 사람들을 시공간의 중심에 내세워 현대 사회의 구조적인 문제점이나 현대인들의 그릇된 윤리관에 일침을 가한다. 그러면서 궁극적으로 삶이란 무엇인가라는 인간의 본질적 문제에 끊임없이 탐색하고 질문한다.

2

낡은 필통 속에서
발뒤꿈치 들고,
보채는 둥글뭉실한 너를 본다
상처 난 몸을 보듬으며
넌, 깎이고 또 깎여
작아진 몸으로

잃어버린 꿈을 그리고 있구나.
몬닥몬닥 잘려나간 몸뚱어릴 보며
숨죽여 울었던 시간
아팠었노라고,
당신 향한 내 사랑을 글로 다 담기엔
내가 너무 부족해 아팠었노라고
말없이 사위어가는 발자국을
종이에 담는다
시린 바람 속에 한 생애가 저물어 간다
─「몽당연필」전문

  요즘 인터넷이나 핸드폰으로 정보를 공유하는 젊은 세대들에게 어쩌면 몽당연필은 낯선 용어일 수 있겠지만, 6, 70년대 볼펜이나 연필문화 시대엔 오래 쓰다가 깎고 깎아서 작아진 연필을 볼펜 뒷부분에 끼워 끝까지 쓰곤 했다. 경제 개발 도약하는 시기에 절약이 몸에 밴 습관이기도 하지만 쓰던 연필에 대한 애정도 있었을 것이다.
  시인은 주요 소재인 몽당연필을 "낡은 필통 속에서/ 발뒤꿈치 들고/ 보채는 둥글뭉실한 너를 본다"처럼 시적 대상을 의인화하여 재미있게 묘사하고 있다. 시를 이해하는데 중요한 것 중 하나는 시적 화자의 어조이다. 그 어조에 따라 시인의 세계관 또는 사회 인식을 감지할 수 있기 때문이다. 이 시에서 화자의 대상에 대한 어조는 매우 슬프며 안쓰럽기까지 하다. 그 이유는 무엇일까. "상처 난 몸을 보듬으며/ 넌, 깎이고 또 깎여/ 작아진 몸으로/ 잃어버린 꿈을 그리고 있구나."처럼 화자는 몽당연필의 모습에서 타인을 위해 자기 몸을 희생하는 사람들을 연상하고 있기 때문이다. 시인의 몽당연필에 대한 자기희생적 발상은 매우 절묘한데, 오래 전 연필 문화에 대한 향수가 있기에 이처럼 시적 모티프로 사용하는 것이라고 볼 수 있다. 그러한 시적 발상 자체가 연필로 직접 쓰고 공부해온 젊은 시절의 생활에서 따뜻한 인간애를 느꼈기 때문일 것이다.

이 시의 화자는 "당신 향한 내 사랑을 글로 다 담기엔/ 내가 너무 부족해 아팠었노라고" 진술한다. 우리 주변에 자기만의 이익을 도모하기 위해 수단 방법을 가리지 않는 냉혈적인 인물도 많지만, 시인이 그리고 있는 몽당연필처럼 어느 누가 알아주지 않아도 자기 몸을 돌보지 않고 헌신적으로 사회에 봉사하는 사람들도 적지 않다. 시인은 "시린 바람 속에 한 생애가 저물어 간다"며 그러한 사람들에 대한 끝없는 애정과 경의를 보낸다.

시인은 자기에게 주어진 노년의 삶은 어떠한 것이 되어야 할까 조용히 사색에 잠긴다.

나이가 들었네요 라는 말에는
국화꽃 향기가 숨어있지요
겨울의 인내와 봄의 환희, 여름의 열정이 빚은
잔잔하면서도 진득한 향기 말이에요

내가 누구인지 생각해 본 적 있나요
낯설게 세상 소풍 나온 나그네 아닐까요
환한 빛이 다가오는 아침마다
어둠 내리고, 별 뜨는 저녁마다
나는 낡은 것이 아니라 새로워지는 거예요
이제 우리, 조금씩 익어가는 시간을 움켜잡고
강물을 거슬러 오르는 싱싱한 연어처럼
당당하게 내 마지막 무대를 만들어 보자구요
피는 꽃보다 지는 꽃이 아름답지 않은가요?
ㅡ「나이 듦에 대하여」 전문

고용석 시인은 대학을 졸업하자마자 서울여자상업고등학교 교사로 시작해서 같은 재단인 서울문영여고를 거쳐 마지막을 서울여자상업고등학교에서 교장으로 정년을 마쳤다. 말하자면 다른 학교를 조금도 기웃거리지 않고 오직 초심 그대로 한 학교에서 학생들을 위해 평생을 바친 교육자로 그 학교의 전설적인 인물로 통한다. 어느덧 생물학적으로 노년에 접어든 시인은 교육자로서 새삼 30여 년이 넘은 빠른 세월을 실감하고 앞으로 남은 인생을 어떻게 보낼까 생각해 본다. "나이가 들었네요 라는 말에는/ 국화꽃 향기가 숨어있지요/ 겨울의 인내와 봄의 환희, 여름의 열정이 빚은/ 잔잔하면서도 진득한 향기 말이에요/ 내가 누구인지 생각해 본 적 있나요/ 낯설게 세상 소풍 나온 나그네 아닐까요" 시인은 누구보다 열정적으로 교육을 위해 헌신하며 살아온 불꽃같은 인생이었다. 학생들을 위해 이것저것 챙기고 준비하기에 너무 바빠 '내가 누구인지' 생각해 볼 틈이 없었을 것이다.

   이 시는 정년을 마친 후, 시간의 여유를 갖고 비로소 노년의 '향기'로운 삶이 무엇일까 하고 진지하게 고민해 본 작품이다. 젊은 청춘보다 노년의 삶이 더 아름다울 수 있다는 결론에 도달한다. "나는 낡은 것이 아니라 새로워지는 거예요"나 "당당하게 내 마지막 무대를 만들어 보자구요/ 피는 꽃보다 지는 꽃이 아름답지 않은가요?"라는 언술은 그렇기 때문에 단순히 늙어가는 인생의 자기 위로가 아니라, 자아 성찰을 통한 진지한 탐색으로 해석할 수 있는 것이다.

   그는 과장이나 가식 없는 삶의 순수함이 젊은 시절부터 몸에 배어 있는 사람이다. 천상 시인인 것이다. 그렇다면 구체적으로 고용석 시인은 어떠한 노년의 삶을 계획하고 있는가. "변하지 않는 건 없어요/ 하늘을 날고, 꽃을 만나기 위해/ 몇 번의 허물을 벗고 또 벗어 버리듯/ 당신도 낡은 생각을 버리고/ 어린 것들을 가만 지켜봐 주세요"(「쐐기 애벌레」)나 "나를 버려야/ 비로소 나를 얻는/ 그대 폐 속 깊이 숨어들어/ 당신으로 살아야/ 내 온전한 삶을 사는 것임을"(「담배꽁초」)에서 잘 나타나듯이 젊은 시절의 욕망이나 방황을 버리고, 나를 필요로 하는 소외된 이웃들을 위해 봉사하는 자세로 사는 일이 곧 나를 위한 인생의 바른길임을 자각한다. 「앉은뱅이 의자」에서 "높이가 주는 거만한 횡포/ 무심하고 불편한 생각들은/ 낮추고 낮추어야 버릴 수 있는 것/ 앉은뱅이 의자에 앉아/ 세상이 더 잘 바라보이는 건/ 신기한 일이다"라는 진술은 그러한 마음을 거쳐 나올 수 있는 작품인 것이다. 고용석 시인의 이와 같은 진정성은 필시 아버지의 영향을 받았을 것이다.

    붓을 든 손이
    은어처럼 푸드득 살아 오르자
    방안을 맴돌던 간들바람도
    뜨락의 풀꽃도
    잠시 숨을 죽였다
    아버지는 오늘도 묵향 속에
    묻혀 있다
    여든 살 나이테로
    붓끝이 거칠어졌다가
    다시 부드럽게 가라앉은 한낮
    고단했던 아버진
    화선지 위에 몸을 누이고
    뒤축 다 닳은 구두 끌며
    세상 밖 나서는 꿈을 꿀 것이다
    묵향에 젖어 붓을 들어 본 사람은 안다
    산다는 건
    먹이 닳듯 천천히 내 몸 잘게 부수어
    향기로 스러져 가는 것임을

―「아버지의 묵향」 전문

이 시는 지난날 몸이 불편하고 병들어 계시던 아버지에 대한 회고의 작품인 듯하다. 시인의 고향인 강릉에서 어느 날 여든 살 연세의 아버지를 눈여겨본다. "뒤축 다 닳은 구두 끌며/ 세상 밖 나서는 꿈을 꿀 것이다"에서 암시하는 것처럼 거동이 불편하여 바깥출입을 잘 못하는 아버지였다. 그런데 의외로 방안에서 붓글씨의 기상만은 그 에너지가 넘쳐 보이는 것이다.

"붓을 든 손이/ 은어처럼 푸드득 살아 오르자"의 역동적 표현에는 그분의 살아온 인생 철학을 단적으로 형상화하고 있다. 즉 고용석 시인이 아버지의 손의 움직임을 '은어처럼'이란 외적 표현 속엔 그분의 내면적 정신 철학도 함축하고 있는데, 그것은 오염된 하천엔 가지 않고 맑은 곳에서만 잘 노는 은어의 속성을 아버지의 정신 세계에 빗댄 것으로 볼 수 있기 때문이다. 그러한 아버지의 올곧은 정신이 붓글씨의 모습에 담겨 있기에, '바람'이나 '풀꽃' 같은 자연의 질서도 움츠러들 정도의 압도적이고 긴장된 표현으로 시상이 이어지고 있다.

이 시는 세속과 단절된 세계 속에서 살아가는 아버지의 삶을 통해 그분의 정신적 가르침이 무엇인가를 시인에게 깨우쳐 주는 작품이다. "묵향에 젖어 붓을 들고" 생의 근본적 가치에 대해 깊이 사유하고 있는 아버지의 순간적 모습을 시인은 즉물적으로 포착한 것이다. 아들의 입장에서 누구보다 아버지의 표정을 통해 그 내면적 감정을 정확히 읽어냈을 것이다. 그것은 "산다는 건/ 먹이 닳듯 천천히 내 몸 잘게 부수어/ 향기로 스러져 가는 것임" 말하고 있는 것으로, 자기 희생의 '향기'야말로 인생의 참모습이라는 걸 강조하고 있다. 이러한 아버지의 가르침은 "삐걱거리는 세상살이/ 중심 잡기 어렵지만/ 무게를 잃지 않으면/ 작은 꽃 피운다고/ 아버지 말씀/ 햇살 되어 퍼진다"(「부레 옥잠」)에서도 잘 나타난다.

아버지가 '묵향' 속에서 진정한 삶의 가치를 깨달은 것처럼 고용석 시인에겐 시 창작이야말로 내 인생의 진정성을 얻을 수 있는 유일한 길이라고 생각했을 것이다. 그의 시 정신은 젊은 시절도 그러했지만 지금도 여전히 "시인이 되려면/ 한 번에 그대 심장을 찌르거나/ 숨통을 고통 없이 끊는/ 노련한 칼잡이가 되어야 한다/ 홀로 밤을 지키며/ 잠든 사람들의 숨소리에 귀 기울이고/ 밤마다 예리한 언어의 칼을 갈아야 한다/ 낙타의 혹을 등에 지고/ 혀를 말리는 갈증을 적셔야 하고/ 모래 폭풍을 바라보는/ 깊은 눈을 가져야 한다"(「시인이 되려면」)고 굳게 다짐하는 것이다.

그렇기 때문에 앞에서 거론된 그의 사회학적 접근의 시편들의 바탕에 치열한 시대정신이 관류하고 있는 것은 결코 우연의 산물이 아니다. 젊은 시절부터 순수하고 진정한 삶의 가치를 꿋꿋하게 지향해온 고용석 시인에겐 지극히 당연한 결과의 산물이라고 하겠다. 그는 고통 받는 소외된 이웃들에게 따뜻한 애정과 관심을 갖고 사회의 부조리의 현장을 시공간에 지속적으로 호출할 것으로 생각된다.

3

   고용석 시인의 작품들 중엔 시끄러운 도심을 떠나 전국의 구석구석을 다니면서 그곳의 자연의 풍경이나 고요한 산사를 배경으로 서정적으로 그린 수작들도 제법 많은 편이다.
   그 중 하나인 「가을 산사山寺」를 감상해 보자.

   옹달샘 곁
   곤줄박이 이사를 떠났다

   높아진 하늘
   새털구름

   멀리 달아날 듯
   하늘을 헤엄치고

   동자승 고무신에
   사뿐 앉은 고추잠자리

   물매화 하얀 꽃잎에

산사山寺가 환해졌다
　　　─「가을 산사」 전문

　5연 10행의 비교적 짧은 이 시는 김소월이나 김영랑, 박목월로 이어지는 한국의 대표적인 서정시의 전통을 보는 듯하다. 그림으로 펼쳐지는 자연의 서정과 긴장미, 절제된 표현에서 오는 상상력은 독자들에게 신선한 감동을 주기에 충분하다.
　곤줄박이는 참새 크기의 작은 새로 검은색 머리에 노란색과 흰 점이 뺨에 있어 무척 예쁘다. 그 새가 맑은 옹달샘 곁에 머물러 있다가 날아가 버리고, 드높은 가을 하늘엔 구름이 한가히 흘러가고 있는 풍경을 "옹달샘 곁/ 곤줄박이 이사를 떠났다// 높아진 하늘/ 새털구름// 멀리 달아날 듯/ 하늘을 헤엄치고"로 아름답게 형상화하고 있다. 이와 같은 시골 산사의 자연 속에서 '동자승 고무신'에 '고추잠자리'가 앉아 있으니, 해학적인 웃음마저 주고 있는데, 거기에다 "불매화 하얀 꽃잎"들이 여기저기 피어있는 풍경이다. 그야말로 산사의 정경이 주는 그윽한 포근함은 한폭의 수채화처럼 아름답기 그지없다.
　이 시는 번잡한 속세를 벗어난 탈속의 고요한 정경으로, 어느 가을날의 산사뿐만 아니라 이 시를 감상하는 독자들의 마음속도 밝고 환해질 것이다.
　「가을 산사山寺」처럼 자연의 아름다운 풍경을 포착하면서 일상의 여유와 해학적인 웃음을 주는 작품들이 제법 있는데, "동자승은 스님 꽁무니 따르다가/ 스님이 쌓아 놓은 달빛 더미에/ 오줌 줄기 냅다 깔기곤/ 서녘 하늘 한참 쳐다봅니다"(「달빛 쓸기」)나 "구름이 산다는 운주사雲住寺에/ 구름처럼 살고 싶어 들렀더니/ 와불臥佛은 산 위로 산책 나가고/ 검둥개 혼자 누워/ 배롱나무 꽃잎 덮고 깊은 잠 자네"(「여름 운주사」) 등과 같은 시편들이 그것이다. 이와 같은 작품들은 사막 속 오아시스처럼 척박한 도시문명의 일상에 짓눌려 지쳐가는 현대인들에게 목마름을 해소할 수 있는 주옥같은 작품들로 평가 받아도 지나친 말이 아닐 것이다.

 고용석 시인이 이처럼 다양하고 뛰어난 시편들을 만들어낸 저변에는 타고난 시적 재능과 감각, 천연의 풍경으로 자리 잡고 있는 강릉의 고향에서 보낸 어린 시절, 그리고 "가슴 속 광기狂氣를 잠재우기 위해/ 시 나부랭이나 쓰겠다고/ 바람처럼 세상을 헤매다가/ 몸져 누웠을 때/ 아내가 눈물로 심은 배롱나무를 보았습니다."(「배롱나무」)에서 암시되고 있는 아내의 지극한 정성과 사랑이 결정적 역할을 한 것이 아닐까 하고 생각해 본다. 이처럼 든든한 안팎의 에너지를 통해 견고해진 그는 앞으로도 더욱 감동적인 작품들을 독자들에게 내놓을 것으로 기대된다.*

see in 시인특선 042

고용석 시집
자자自尊를 아시나요

제1쇄 인쇄 2019. 12. 1
제1쇄 발행 2019. 12. 5

지은이 고용석
펴낸이 서정환
엮은이 민윤기
펴낸곳 문화발전소
서울시 종로구 삼일대로 32길 36 운현신화타워 305호
see편집국 : 서울시 종로구 종로 1가 르메이에르 종로타운 1031호
Tel 02-742-5217 Fax 02-742-5218

ISBN 979-11-87324-50-8 04810
ISBN 979-11-953101-1-1 (세트)

이 도서의 국립중앙도서관 출판예정도서목록(CIP)은
서지정보유통지원시스템 홈페이지(http://seoji.nl.go.kr)와
국가자료종합목록 구축시스템(http://kolis-net.nl.go.kr)에서
이용하실 수 있습니다. (CIP제어번호 : CIP2019044978)

값 12,000원

ⓒ 2019 고용석
PRINTED IN KOREA

*저자와의 협약에 따라 인지는 생략합니다.
*파본 및 제본이 잘못된 책은 구입서점에서 교환하여 드립니다.
*이 책은 저작권법에 의하여 보호받는 저작물이므로
  이 책의 전부 또는 일부를 재사용하려면
  반드시 문화발전소와 저자의 허락을 받아야 합니다.